Kirsten Boie, 1950 in Hamburg geboren, ist eine der renommiertesten deutschen Kinder- und Jugendbuchautorinnen. Für ihr Gesamtwerk wurde sie mit dem Sonderpreis des Deutschen Jugendliteraturpreises geehrt. Kirsten Boie hat viele beliebte Kinderbuchfiguren für alle Altersgruppen erschaffen, darunter »Der kleine Ritter Trenk«, »Seeräubermoses«, »King-Kong«, »Die Kinder aus dem Möwenweg« und »Thabo«. Darüber hinaus ist die promovierte Literaturwissenschaftlerin mit großem Einsatz auf dem Gebiet der Leseförderung aktiv. Für ihr Engagement für die deutsche Kinder- und Jugendliteratur wurde ihr 2019 die Hamburger Ehrenbürgerwürde verliehen. Nicht nur »Paule ist ein Glücksgriff« – so der Titel ihres Debütromans –, sondern auch »Kirsten Boie ist ein Glücksfall für die deutsche Kinderbuch-Literatur« (NDR).

Silke Brix, 1951 in Schleswig-Holstein geboren, studierte an der Fachhochschule für Gestaltung in Hamburg und illustriert seit 1986 Bücher für Kinder. Aus ihrer kongenialen Zusammenarbeit mit Kirsten Boie sind bislang mehr als 30 Bücher entstanden. Dabei hat sie so beliebten Figuren wie der kecken Linnea, dem Schulkind Lena, Jan-Arne mit seinem Meerschweinchen King-Kong und der Prinzessin Rosenblüte ihr pfiffiges Gesicht gegeben.

16. Auflage
© 1994 Verlag Friedrich Oetinger GmbH,
Max-Brauer-Allee 34, 22765 Hamburg
Alle Rechte vorbehalten
Druck und Bindung: Livonia Print SIA,
Jūrkalnes iela 15/25, LV-1046 Riga, Lettland
*Printed 2024/2
ISBN 978-3-7891-6311-1

www.oetinger.de

Kirsten Boie

Klar, dass Mama Ole lieber hat

Bilder von Silke Brix

Verlag Friedrich Oetinger · Hamburg

»Kleine Brüder sind das Grässlichste auf der Welt, igitt«, sagt Anna. Anna ist schon fast sieben und geht in die erste Klasse und kann Lisa und Oma und Ali lesen, aber Ole ist noch nicht mal vier und gerade in den Kindergarten gekommen und weiß gar nichts von Zahlen und Buchstaben und dass man still sitzen muss und große Schwestern nicht stören darf.
»Geschwister müssen sich lieb haben«, sagt Mama, aber man kann doch wohl keinen lieb haben, der klein und dumm ist und große Schwestern immerzu ärgert. Der ihnen in der Vorweihnachtszeit heimlich die ganze Schokolade aus dem Adventskalender isst, zum Beispiel! Und der absolut nicht in die Küche gehen will oder ins Wohnzimmer, wenn Annas Freundinnen da sind und sie im Kinderzimmer Verkleiden spielen, Prinzessin und vornehme Dame und Aschenputtel.
»Darf ich auch, Anna, bitte, bitte, darf ich

mich auch mal verkleiden?«, schreit dann der dumme kleine Ole, und dabei weiß er überhaupt nicht, wie man Aschenputtel spielt. Und wenn er nicht mitmachen darf, wird er böse und steckt die Zunge raus und tritt mit seinen Hausschuhfüßen und schleudert die Verkleidesachen durch die Luft.

»Mama, hol Ole mal weg, Ole stört uns immer!«, schreit Anna dann, und wenn Mama gerade gute Laune und viel Zeit hat, holt sie Ole aus dem Kinderzimmer in die Küche und baut mit ihm Duplo. Aber wenn sie schlechte Laune und nicht so viel Zeit hat, findet sie bloß, dass Geschwister sich vertragen sollen und dass das Kinderzimmer auch Oles Kinderzimmer ist. Dann muss Anna Ole mitspielen lassen, aber leider ist er schrecklich albern und schreit: »Alle weg da, hier kommt der Furz!«, wenn er doch der Prinz sein soll, und Aschenputtels goldenen Schuh küsst er auch nicht.

Und Ostern isst er natürlich auch gleich wieder sein ganzes schönes Nest leer, sogar den großen Schokoladenhasen mit den goldenen Ohren und dem kleinen Papphut auf dem Kopf. Aber Anna hebt ihren Hasen auf und stellt ihn ins Regal zwischen die weihnachtliche Schnee-schüttelkugel und die Kerzensammlung und guckt ihn immerzu an, weil er so niedlich ist. Aber als sie am nächsten Morgen aufwacht, sitzt Ole im Schlafanzug auf dem Teppich und spielt Playmobil und sein Gesicht ist ganz braun verschmiert und seine Hände auch und der Platz auf dem Regal zwischen der Schneekugel und der Kerzensammlung ist leer.

»Du hast meinen Hasen gefressen!«, schreit Anna und springt aus dem Bett und boxt Ole vor die Brust. Mama sagt, große Kinder können alles mit Worten regeln, die brauchen keine Fäuste dazu, aber das kann ja wohl nicht für einen gelten, der Schokoladenhasen stiehlt und Papphüte in den Mülleimer wirft. »Ich hasse dich, ich hasse dich, ich hasse dich!«, schreit Anna, und Ole hält sich die Hände vors Gesicht und ruft, dass er vielleicht gedacht hat, dass es vielleicht sein Hase war, und dass er ihn vielleicht verwechselt hat.

Und von dem Krach wird Mama natürlich wach und kommt angerannt und ruft, ob man in diesem Haus denn nicht mal am Ostermontag ausschlafen kann. Und dann schimpft sie mit *beiden* Kindern gleich doll, und dabei ist es doch alles Oles Schuld, Oles ganz allein.

Sogar auf Annas wunderbar wertvoller Porzellanpuppe trampelt Ole rum, nur weil er nicht an die Bilderbücher im Spielzeugregal kommt, und da brauchte er was zum Draufstellen.

»Du hast sie ja wohl nicht alle!«, schreit Anna und will die Puppe unter Oles Füßen rausziehen, aber weil der Körper nur aus Stoff genäht ist, reißt gleich ein Bein ab, und nun steht Ole auf Zehenspitzen auf

Annas Puppe und Anna steht da mit dem Bein in der Hand, und sie hasst Ole so doll, wie man es sich gar nicht vorstellen kann. Es schüttelt sie richtig, so doll hasst sie ihn. »Du alter Idiot!«, schreit Anna, weil die Porzellanpuppe ihre feierlichste Puppe war und weil sie sie gerade erst zur Einschulung gekriegt hat. Mama findet nämlich, ein Kind, das zur Schule geht, kann schon Sachen mit Porzellankopf haben. Und nun hat Ole die Puppe kaputt gemacht!

»Tot sein sollst du, tot, tot, tot!«, schreit Anna, aber da kommt Mama angerannt und sagt, dass man so was wirklich nicht sagen darf, pfui Teufel, und Anna soll sich mal schämen. Und außerdem hätte Anna ja auch nicht an dem Bein ziehen müssen, dann wäre die Puppe jetzt noch heil.

Und mit Ole schimpft Mama gar nicht! Mit Ole schimpft sie kein einziges Wort, und daran sieht man doch mal wieder, dass sie ungerecht, ungerecht, ungerecht ist und dass sie Ole viel lieber hat als Anna.

Das weiß Anna sowieso schon lange, weil Mama Ole *immer* mehr Pudding auf den Teller tut als Anna, *immer,* auch wenn sie sagt, es ist ganz genau gleich. Aber Anna kann ja wohl sehen, was mehr ist!

Und wenn Anna um acht Uhr ins Bett muss, muss Ole auch erst um acht, und dabei ist er drei Jahre jünger, und als Anna noch nicht mal vier war, musste sie immer schon um sieben ins Bett.

Da ist es ja klar, dass Mama Ole lieber hat, immer nimmt sie Ole in Schutz und niemals beschützt sie Anna.

»Ich zieh zu Ina, die hat keine Geschwister!«, schreit Anna wütend. »Jawohl, sollst du mal sehen!«

»Bitte, dein Koffer liegt auf dem Kleiderschrank«, sagt Mama, und da schmeißt Anna sich auf ihr Bett und weint, weil Mama sie nun wohl nicht mal mehr haben will. Ole ist Mama wahrscheinlich genug.

Eines Abends, als Mama Ole aus dem Kindergarten abgeholt hat und Anna aus dem Hort und als sie alle drei ganz gemütlich zusammen am Küchentisch sitzen und einen heißen Punsch zum Aufwärmen trinken, weil es draußen doch ungemütlicher Herbst ist und schon um fünf Uhr dämmerig, klingelt das Telefon. »Verbrennt euch nicht den Mund!«, sagt Mama und nimmt den Hörer ab. »Ach du je, Christiane!«, sagt sie dann und schüttelt ganz aufgeregt den Kopf. »Na, das ist

ja wirklich zu blöde! Mach dir keine Sorgen, ich bin gleich bei dir!« Und dann knallt sie den Hörer auf die Gabel und läuft zur Garderobe. Da reißt sie den Mantel vom Haken und schleudert sich den Schal um den Hals.
»Tut mir leid, ihr Lieben, ich muss noch mal ganz schnell weg!«, sagt Mama und knöpft sich den Mantel zu. »Ich kann euch doch mal eine halbe Stunde allein lassen? Ihr seid doch schon groß!«
»Aber draußen ist es schon dunkel!«, schreit Anna. »Ich bleib nicht allein, wenn es dunkel ist!«
»Ich bin ja sofort wieder da!«, sagt Mama und hat schon die Hand an der Türklinke. »Glaubt ihr nicht, ihr könnt es schaffen? Ohne euch bin ich einfach viel schneller!«

Und dann erzählt Mama, dass Tante Christiane sich in ihrer Wohnung im Hochhaus eingesperrt hat, weil sie die Wohnungstür immer hinter sich zuschließt, und dann wollte sie Fenster putzen und dabei ist ihr der Schlüssel aus der Schürzentasche gefallen und draußen zwischen die Büsche. Aus dem zwölften Stock! Zum Glück hat ihn keiner auf den Kopf gekriegt.

Aber nun ist Tante Christiane in ihrer Wohnung eingesperrt und dabei hat sie

um halb sieben eine Verabredung mit einem neuen Freund in der Innenstadt. Und weil Mama den Ersatzschlüssel für ihre Wohnung hat, soll sie jetzt ganz schnell zu Tante Christiane laufen, nur drei Straßen weiter, und sie aus ihrer Wohnung befreien.

»Na gut, vielleicht bleiben wir doch alleine«, sagt Anna. Gerade ist ihr eingefallen, dass

sie sich dann den Fernseher einschalten und alle Programme durchprobieren kann.
»Na gut, wenn du dich ganz schnell beeilst.«
»Klar beeil ich mich!«, sagt Mama und hat schon fast die Tür hinter sich zugezogen.
»Bis gleich und vielen Dank, ihr beiden Großen!«

Dann sind Anna und Ole in der Wohnung allein. Der Kühlschrank summt ein bisschen und vor dem Fenster ist es jetzt schon fast ganz dunkel. Es *könnte* einem unheimlich werden, wenn man nicht schon fast sieben Jahre alt wäre und in der ersten Klasse.

»Ich glaub, ich mach vielleicht den Fernseher an«, sagt Anna und will ins Wohnzimmer gehen. Auf dem Flur hat Mama beim Rausgehen das Licht ausgeknipst, wie sie das immer macht. Dumme Mama, sie hat wohl gar nicht daran gedacht, dass sie noch zwei Kinder zu Hause hat! Und der Lichtschalter ist neben der Wohnungstür, deshalb muss Anna erst ganz allein über den langen dunklen Flur laufen, und wer weiß, was dabei alles passieren kann. »Auf die Plätze, fertig, los!«, sagt Anna, aber ihre Beine wollen ihrem Mund nicht gehorchen, weil der Flur fürchterlich dunkel ist. Ihre Beine bleiben einfach stehen. »Darf ich mit Wettrennen machen, bitte, bitte, Anna, darf ich?«, fragt Ole und hängt sich an ihren Pullover. »Bei los renn ich los, wenn du das sagst!«

Anna guckt Ole von oben an. »Ich muss erst mal sehen, ob du auch keinen Schiss hast«, sagt sie. »Und dann darfst du mit-

machen. Du musst erst mal das Licht auf dem Flur anschalten, los!«

Da flitzt Ole über den dunklen Flur und schaltet das Licht an, als wäre das nichts.

»Darf ich jetzt mitmachen, Anna, lässt du mich jetzt?«, fragt Ole und ist schon wieder in der Küche.
»Jetzt musst du nur noch das Licht im Wohnzimmer anmachen, dann weiß ich, dass du mutig bist«, sagt Anna. »Dann darfst du sogar mit mir fernsehen«, und jetzt wundert sie sich schon gar nicht mehr, dass Ole einfach über den Flur geht, hin zum dunklen Wohnzimmer, und den Lichtschalter drückt.

Da ist es so hell, dass auch Anna keine Angst mehr hat, und sie schaltet den Fernseher ein und setzt sich mit Ole davor.

Zuerst kommen lauter Erwachsene, die reden, und Frauen, die tanzen, und ein Quiz.

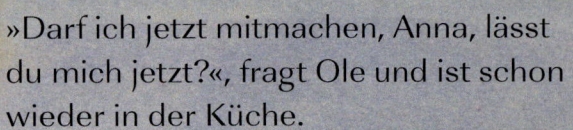

Aber plötzlich ist da ein Mann mit einem schrecklich gefährlichen Gesicht, der streckt seine Hände aus und kommt langsam immer näher.

»Du hast doch wohl nicht wirklich geglaubt, du kleine Ratte …«, sagt der Mann mit einer grässlichen Stimme, aber Anna will überhaupt gar nicht wissen, was irgendjemand geglaubt hat, sie will den Mann nicht mehr sehen und darum schaltet sie ihn ganz schnell weg. Das ganze grässliche Fernsehen schaltet sie aus, weil sie jetzt ein bisschen zittern muss und horchen, ob auch wirklich niemand in der Wohnung ist. Wenn es dunkel wird, dann kommen die Räuber, und da nützt es einem gar nichts, wenn im Wohnzimmer das Licht brennt.

»Wenn es so dunkel ist, kommen immer
die Räuber«, flüstert Anna und kuschelt
sich ganz tief in den Sessel. »Wenn es
so dunkel ist, kommen die immer.«
Ole starrt sie interessiert an. »Immer
oder nur mampfmal?«, fragt er begeis-
tert. »Sag mal, immer oder nur

mampfmal?« Und bevor Anna sagen
kann, dass das aber jetzt eine ganz,
ganz dumme Frage war und dass Ole
gefälligst den Mund halten soll, ist Ole
schon ins Kinderzimmer geflitzt und
kommt mit seiner schwarzen Pistole
zurück.

»Da kriegen die Schiss«, sagt er zufrieden und setzt sich zu Anna auf die Sessellehne. »Die ist ja fast echt!«

»Das ist doch eine Spielzeugpistole, dummer Bengel«, sagt Anna, aber dann leiht sie sich die Pistole von ihm aus, weil ein Räuber ja schließlich nicht wissen kann, wie echt die Pistole ist, so schwarz und gefährlich, wie sie aussieht. Zur Not jagt Anna den Räuber damit in die Flucht.

»Du brauchst keine Angst zu haben, ich beschütz dich schon«, sagt Anna und hält die Pistole vorsichtshalber in Richtung Wohnzimmertür. Ein bisschen bummert ihr Herz immer noch, aber längst nicht mehr so doll.

»Ich beschütz dich auch, wenn du das willst«, sagt Ole, und Anna sagt nicht »Haha, du kleiner Wurzelzwerg, du bist ja viel zu klein« und auch nicht »Halt die Klappe«, Anna rückt einfach ein bisschen dichter an ihn heran und da fühlt sie sich ein ganz kleines bisschen weniger allein.

»Ich glaub, wir könnten vielleicht mal ins Bett gehen«, sagt Anna. Das ist ihr eben gerade eingefallen. Im Bett ist es warm und kuschelig und gemütlich und in Mamas Bett ist es sogar noch viel kuscheliger. Da gehen sie zusammen in Mamas Schlafzimmer und Anna hält die Pistole immer vor sich hin. Und an der Schlafzimmertür schaltet Ole wieder das Licht an und dann ziehen sie sich nur blitzschnell ihre Hausschuhe aus und krabbeln zusammen unter Mamas Decke.

»Du bist aber schön warm, Anna«, sagt Ole. »Fast so warm wie Mama.« Anna nickt. Sie legt die Pistole neben sich auf den Nachtschrank. So ganz dringend braucht sie die jetzt vielleicht doch nicht mehr. Die ganze Wohnung ist hell und in der Küche summt der Kühlschrank und neben ihr liegt Ole und fühlt sich klein und gut und fast wie eine Wärmflasche an. »Hier drinnen ist es eigentlich ganz gemütlich«, sagt Anna. »Hell und gemütlich, das ist es hier.«

»Aber draußen ist es dunkel wie im Affenpopo«, sagt Ole, und da muss Anna so doll lachen, dass es sie schüttelt, und Ole lacht mit und sie lachen und lachen, und als sie sich fast leer gelacht haben, sagt Anna: »Eigentlich bist du manchmal ganz gut zu gebrauchen, Ole. Eigentlich bist du manchmal fast schon wie vier.« »Eigentlich mampfmal oder immer?«, fragt Ole, und dann liegen sie gemütlich ganz dicht zusammen und warten, dass Mama wiederkommt.

»Meine beiden tüchtigen großen Kinder«,
sagt Mama und gibt jedem einen dicken
Kuss auf die Stirn. »Meine beiden tüchtigen
großen Kinder!«

Als Mama die Wohnungstür aufschließt,
brennt in der ganzen Wohnung das Licht.
»Anna?«, ruft Mama. »Ole?«
Dann läuft sie ins Schlafzimmer.

Da liegen sie dann warm und gemütlich, und Ole denkt, dass jetzt am besten mal gleich ein Räuber kommen soll, weil Anna den bestimmt mit links erledigt, und er kuschelt sich fest gegen Annas Arm. »Hier drinnen ist es eigentlich ganz gemütlich«, sagt Anna. »Hell und gemütlich, das ist es hier.«

»Aber draußen ist es so dunkel wie im Affenpopo«, sagt Ole, und da muss Anna so doll lachen, dass es sie schüttelt, und Ole lacht mit und sie lachen und lachen, und als sie sich fast ganz leer gelacht haben, sagt Anna:
»Eigentlich bist du manchmal ganz gut zu gebrauchen, Ole. Eigentlich bist du manchmal fast schon wie vier.«
Da wird es Ole so warm und zufrieden innen drin und er rutscht noch ein klitzekleines bisschen dichter zu Anna.
»Eigentlich mampfmal oder immer?«, fragt Ole, und dann liegen sie gemütlich ganz dicht zusammen und warten, dass Mama wiederkommt.

Nur dass Anna dann doch nur fernsehen will, ist nicht so schön, aber zum Glück knipst sie auch gleich wieder aus. Weil sie jetzt nämlich nach Räubern lauschen müssen, alle beide, weil Anna sagt, dass die kommen. Da kriegt Ole ein ganz glückliches Gefühl im Bauch, so ein schönes, spannendes Spiel ist das, und Anna nimmt sogar seine Pistole, als er sie bringt, und dann darf er auch noch mit ihr in Mamas Bett. Oh, Anna ist so eine liebe große Schwester!

Und Anna geht zur Küchentür und guckt immer so auf den Flur und dann sagt sie plötzlich: »Auf die Plätze, fertig, los!« Da weiß Ole ja, was Anna will, ein Wettrennen will sie jetzt, Anna hat immer so gute Ideen. Und sie erlaubt ihm sogar, dass er mitmacht! Nur eine Mutprobe soll Ole bestehen, na gut, was daran wohl mutig ist, wenn man im Flur das Licht anschaltet! Das hat Ole ja schon tausendmal gemacht.

Und Mama geht ran, und dann sagt sie, dass sie noch mal ganz schnell zu Tante Christiane flitzen muss, und ihre beiden Großen trauen sich doch wohl, so lange alleine zu bleiben? Als ob das eine Kunst ist, haha, wo Anna doch schließlich bei ihm ist, na klar traut Ole sich das! Und Anna traut sich natürlich auch und da läuft Mama gleich los.

Eines Abends, als Mama Ole aus dem Kindergarten abgeholt hat und Anna aus dem Hort und als sie alle drei ganz gemütlich zusammen am Küchentisch sitzen und einen heißen Punsch zum Aufwärmen trinken, weil es draußen doch ungemütlicher Herbst ist und schon um fünf Uhr dämmerig, klingelt das Telefon.

Und dabei hat doch ganz bestimmt Anna angefangen! Aber natürlich nimmt Mama wieder Anna in Schutz und nie beschützt sie Ole.

Da ist es ja ganz klar, dass Mama Anna lieber hat als ihn, und das hat Ole schon immer gewusst. Weil Mama Anna *immer* mehr Pudding auf den Teller tut als Ole, immer, auch wenn sie sagt, es ist ganz genau gleich. Aber Ole kann ja wohl sehen, was mehr ist!

Und manchmal, wenn Ole schon ins Bett muss, darf Anna noch bei Mama sitzen und mit ihr Sachen bereden über die Schule, und dabei muss sie doch morgens genauso früh aufstehen wie er! Und wenn Ole dann heimlich wieder aus dem Bett gekrabbelt kommt und durch die Wohnzimmertür linst, packt Mama ihn an der Schulter und bringt ihn zurück in sein Bett, und auf dem Sofa sitzt immer noch Anna und bestimmt lacht sie ihn aus.

»Es heißt manchmal, du Baby, du kannst ja nicht reden!«, ruft Anna, und da muss Ole sie noch ein bisschen doller boxen, und Mama packt ihn ganz fest am Arm und schiebt ihn aus der Wohnungstür und fragt, ob er nicht wenigstens am frühen Morgen, wenn sie zur Arbeit muss, mal damit aufhören kann, immer Streit anzufangen.

Am nächsten Morgen ist Ole aber doch wieder nett, obwohl Anna das nun wirklich nicht verdient hat.

»Pack schnell deine Schulsachen, Anna!«, sagt Mama und setzt Ole seine Pudelmütze auf. »Wir müssen zum Kindergarten, mein Bus wartet nicht!«

»Mein Bus wartet auch nicht«, sagt Ole zufrieden. »Und ich pack auch noch schnell meine Schulsachen.«

»Du gehst ja gar nicht zur Schule, du winziger Wurzelzwerg!«, ruft Anna und wirft ihre Federtasche in den Ranzen. »Da gehst du noch hundert Jahre nicht hin!«

»Wohl geh ich in die Schule, jawohl!«, schreit Ole böse und boxt Anna gegen den Rücken. »*Mampfmal* geh ich da wohl hin, jawohl!«

und da kriegt Ole so eine Wut im Bauch auf Anna, die nicht mal richtig gucken kann, haha!, und auf Mama, die immer zu Anna hält, immer, immer, immer, dass er mit seinem Fuß ganz fest gegen den Küchentisch treten muss, und Mama packt ihn am Arm und bringt ihn in ihr Schlafzimmer und sagt, dass er da jetzt erst mal bleiben soll, und wenn er sich beruhigt hat, darf er gerne wiederkommen. Aber Ole will sich gar nicht beruhigen, niemals mehr will Ole sich beruhigen, und Anna schießt er tot mit seiner schwarzen Pistole, soll sie mal sehen, jawohl.

»Du kannst ja gar nicht richtig gucken, du hast ja Tomaten auf den Augen!«, schreit Ole böse und reißt ihr das Bild aus der Hand. Nun ist die Ecke ab und Anna ist schuld, und Ole rennt zu Mama und weint.

»Aber du weißt ganz genau, dass du nicht petzen sollst!«, sagt Mama und seufzt,

rum. Und wenn Ole sie dann nur ein klitzekleines bisschen treten muss, kommt
bestimmt Mama angerannt und schimpft
mit ihm und sagt, große Kinder können
sich doch wohl vertragen und ihren Streit
mit Worten regeln. Aber das kann sie ja
wohl nicht im Ernst meinen! Das gilt ja
wohl bestimmt nicht für eine wie Anna,
die immer gleich gemein zu einem ist! Da
muss man ja wohl mal ein kleines bisschen treten dürfen!

Und wenn Ole ein schönes Bild malt mit
ganz geheimen Tieren und ganz geheimen
Verbrechern, die nur Ole sehen kann,
kommt Anna gleich an und sagt, es ist
Krickelkrakel. »Dann sag doch mal, was
das sein soll!«, sagt Anna und zeigt auf
das Bild. »Das sind ja nur lauter Kritzel-
striche, du Baby!«

Dabei ist Anna immer so gemein zu Ole!
Nie darf er im Kinderzimmer sein, wenn sie
mit ihren Freundinnen spielt, und von ihren
vielen Süßigkeiten gibt sie ihm auch nie
was ab. Und sie sagt immer »Du Baby!« zu
Ole und »Du Wurzelzwerg«, und wenn er
sich nur mal für eine winzige Sekunde ihre
Sachen ausleiht, schreit sie immer gleich

»Fein, mein Schatz«, sagt Mama. »Aber du darfst Anna jetzt wirklich nicht stören. Die macht nämlich *echte* Hausaufgaben«, und sie wuschelt Ole durch die Haare und geht zurück zu ihrem Gemüse. Als ob Oles Hausaufgaben nicht genauso echt wären! »Ganz echt sind meine!«, schreit Ole und flitzt zurück ins Kinderzimmer, wo Anna immer noch schreibt.

»Ganz echt sind meine, dass du das weißt!« Aber da kommt Mama und zieht Ole zu sich in die Küche und sagt, das geht aber nun wirklich nicht, weil Anna ihre Ruhe braucht, wenn sie lernt. Und als Ole zappelt und schreit, lässt Mama ihn überhaupt gar nicht los und drückt ihn nur ganz fest auf einen Küchenstuhl. Und alles nur wegen Anna!

»Ich muss ja auch Hausaufgaben machen, jawohl!«, sagt Ole und reißt sich einen Zettel aus dem Malblock. »Wuwela, wawela, alles schon fertig!«
Aber Anna schreit, dass er sie gefälligst in Ruhe lassen soll mit seinem blöden Baby-geplapper, und da geht Ole zu Mama in die Küche und zeigt ihr seinen Zettel.
»Ich hab auch Hausaufgaben gemacht«, sagt Ole.

Wenn man eine große Schwester hat,
ist das gar nicht immer so schön.
»Hau ab, ich mach Hausaufgaben!«,
sagt Anna und schiebt Ole mit dem
Ellenbogen zur Seite. »Ich muss jetzt
Mathe machen, hau ab!«

Kirsten Boie

Klar, dass Mama Anna lieber hat

Bilder von Silke Brix

Verlag Friedrich Oetinger · Hamburg

Kirsten Boie, 1950 in Hamburg geboren, ist eine der renommiertesten deutschen Kinder- und Jugendbuchautorinnen. Für ihr Gesamtwerk wurde sie mit dem Sonderpreis des Deutschen Jugendliteraturpreises geehrt. Kirsten Boie hat viele beliebte Kinderbuchfiguren für alle Altersgruppen erschaffen, darunter »Der kleine Ritter Trenk«, »Seeräubermoses«, »King-Kong«, »Die Kinder aus dem Möwenweg« und »Thabo«. Darüber hinaus ist die promovierte Literaturwissenschaftlerin mit großem Einsatz auf dem Gebiet der Leseförderung aktiv. Für ihr Engagement für die deutsche Kinder- und Jugendliteratur wurde ihr 2019 die Hamburger Ehrenbürgerwürde verliehen. Nicht nur »Paule ist ein Glücksgriff« – so der Titel ihres Debütromans –, sondern auch »Kirsten Boie ist ein Glücksfall für die deutsche Kinderbuch-Literatur« (NDR).

Silke Brix, 1951 in Schleswig-Holstein geboren, studierte an der Fachhochschule für Gestaltung in Hamburg und illustriert seit 1986 Bücher für Kinder. Aus ihrer kongenialen Zusammenarbeit mit Kirsten Boie sind bislang mehr als 30 Bücher entstanden. Dabei hat sie so beliebten Figuren wie der kecken Linnea, dem Schulkind Lena, Jan-Arne mit seinem Meerschweinchen King-Kong und der Prinzessin Rosenblüte ihr pfiffiges Gesicht gegeben.

MIX
Papier | Fördert
gute Waldnutzung
FSC® C002795
FSC
www.fsc.org

16. Auflage
© 1994 Verlag Friedrich Oetinger GmbH,
Max-Brauer-Allee 34, 22765 Hamburg
Alle Rechte vorbehalten
Druck und Bindung: Livonia Print SIA,
Jūrkalnes iela 15/25, LV-1046 Riga, Lettland
*Printed 2023/1
ISBN 978-3-7891-6311-1

www.oetinger.de